यामा

यामा

महादेवी वर्मा

लोकभारती प्रकाशन

लोकभारती प्रकाशन
पहली मंजिल, दरबारी बिल्डिंग, महात्मा गांधी मार्ग
प्रयागराज-211 001

वेबसाइट : www.lokbhartiprakashan.com
ईमेल : info@lokbhartiprakashan.com

शाखाएँ : 1-बी, नेताजी सुभाष मार्ग, दरियागंज
नई दिल्ली-110 002
अशोक राजपथ, साइंस कॉलेज के सामने
पटना-800 006
1, अनमोल सोराबजी संतुक लेन, धोबी तलाव,
मरीन लाइंस, मुम्बई-400 002

पहला संस्करण : 1936
वर्तमान संस्करण : 2024

बी.के. ऑफसेट
नवीन शाहदरा, दिल्ली-110 032
द्वारा मुद्रित

YAMA
by Mahadevi Verma

ISBN : 978-81-8031-122-2

मूल्य : ₹ 495

अपनी बात

बाबा के उर्दू-फारसी के अबूझ घटाटोप में, पिता के अंग्रेजी-ज्ञान के असूझ कोहरे में मैंने केवल माँ की प्रभाती और लोरी को ही समझा और उसी में काव्य की प्रेरणा को पाया।

फर्रुखाबाद के सर्वथा विपरीत संस्कृति वाले गृह में, जबलपुर से रामचरितमानस की एक प्रति और राम-जानकी-लक्ष्मण की छोटी-छोटी मूर्तियों-से सजा चाँदी का छोटा सिंहासन लेकर माँ जब पालकी से उतरीं तब उनकी अवस्था १३ वर्ष और पिता जी की १७ वर्ष से अधिक नहीं थी। यह माँ का द्विरागमन था, विवाह तो जब वे दोनों ८ और १२ के थे, तभी हो चुका था।

उस परिवार ने कन्याओं को जन्म लेते ही इतनी बार लौटाया था कि फिर कई पीढ़ियों तक किसी कन्या को उस परिवार में जन्म लेने का साहस ही नहीं हुआ।

पर मेरे जन्म के लिए तो बाबा और दादी ने कुलदेवी दुर्गा की मनौती मान रखी थी। अतः मुझे लौटाने का तो प्रश्न ही नहीं उठा, वरन् मुझे योग्य बनाने के ऐसे सम्मिलित प्रयत्न आरम्भ हुए कि हम इन्दौर न जाते तो मुझे बचपन में ही वृद्धावस्था का सुख मिल जाता।

पिता जी जब प्रयाग विश्वविद्यालय से अंग्रेजी विषय में प्रथम श्रेणी में प्रथम स्थान पाकर एम०ए० परीक्षा में उत्तीर्ण हुए तब तुरन्त ही वे इन्दौर के राजकुमारों के कालेज में वाइस प्रिन्सिपल नियुक्त हो गए और तीन वर्ष की अवस्था ही में माँ के साथ मैं इन्दौर चली गयी। इस प्रकार मेरा संस्कार तथा रुचियाँ बनने का समय मध्य प्रदेश में व्यतीत हुआ। हम छावनी में रहते थे, जहाँ पशु-पक्षी, पेड़-पौधे ही हमारे संगी रहे। सेवक मिला रामा जो हमारी जिज्ञासाओं के अद्भुत समाधान प्रस्तुत कर देता था। माँ के गृह-कार्य तथा पूजा-पाठ की मैं ही एकान्त संगिनी थी। अतः 'जागिए कृपानिधान पंछी बन बोले' जैसे प्रभाती-पद मैं भी गुनगुनाने लगी थी।

विद्यारम्भ के उपरान्त पंडित जी की कृपा से मेरा हिन्दी-ज्ञान अन्य विद्यार्थियों की क्षमता से अधिक ही हो गया था।

शीतकाल में ठंडे पानी से नहलाकर माँ अपने साथ पूजा में बैठा लेती थीं जिससे स्वभावतः मुझे बहुत कष्ट होता था। रामा से यह सुनकर कि सीधे भोले बच्चे शोरगुल नहीं मचाते, मैंने तुकबन्दी की—

ठंडे पानी से नहलाती
ठंडा चन्दन इन्हें लगाती
इनका भोग हमें दे जाती
तब भी कभी नहीं बोले हैं
माँ के ठाकुर जी भोले हैं।

इसी प्रकार तारों को देखकर मैंने तुकबन्दी की—

आओ प्यारे तारे आओ
तुम्हें झुलाऊँगी झूले में
तुम्हें सुलाऊँगी फूलों में
तुम जुगनू से उड़कर आओ
मेरे आँगन को चमकाओ।

ऐसी तुकबंदियों को जोड़ते समय मेरी अवस्था छः-सात वर्ष से अधिक न रही होगी और १० वर्ष तक पहुँचने तक पंडित जी मुझे समस्यापूर्ति का व्यायाम सिखाने लगे। अलंकार-पिंगल आदि का जो ज्ञान मुझे बचपन में प्राप्त हुआ, वह बड़े होने पर भी मेरे बहुत काम आया।

पिता जी सरस्वती पत्रिका मँगाते थे। अतः मैंने भी उसे पढ़ने और खड़ी बोली में तुकबन्दी करने का प्रयास किया, किन्तु पंडित जी तो ब्रजभाषा की कविता को ही कविता मानते थे, अतः वे प्रयत्न छिपाकर ही होते रहे। पर दद्दा (राष्ट्रकवि मैथिलीशरण) का प्रभाव मुझ पर अधिक रहा।

'मेघ बिना जलवृष्टि भई है' जैसी समस्या-पूर्ति में असमर्थ होने के कारण मैंने अपने व्यवहार-गुरु रामा से पूछा और उसके यह कहने पर कि भगवान जी का हाथी अपनी सूँड में पानी भर लाता है और बरसा देता है। मैंने तुकबन्दी की—

हाथी न अपनी सूँड में यदि
नीर भर लाता अहो
तो किस तरह बादल बिना
जलवृष्टि हो सकती कहो।

'हथिया बरसता है' का अर्थ रामा इतना ही जानता था, क्योंकि उसे किसी हस्ती नक्षत्र का ज्ञान नहीं था। संयोग से मेरी यह तुकबन्दी देखकर पंडित जी ने अप्रसन्न होकर कहा था, 'यह यहाँ भी आ गए।' यह से उनका तात्पर्य दद्दा से था जिनको वे कवि ही नहीं मानते थे।

कुछ और बड़े होने पर मैंने पुनः दद्दा के अनुकरण पर देश के लिए लिखा—

सिरमौर सा तुझको रचा था विश्व में करतार ने,
आकृष्ट था सबको किया तेरे मधुर व्यवहार ने

नव शिष्य तेरे भव्य भारत नित्य आते थे चले
जैसे सुमन की गन्ध से अलिवृन्द आ-आ कर मिले।

कुछ दिन मुझे मिशन स्कूल में रखा गया, किन्तु उसका वातावरण मेरे अनुकूल न होने के कारण फिर एक छोटा स्कूल खोला गया, जिसमें मैं और पिता जी के अन्य मित्र शिक्षकों की बालिकायें पढ़ने जाती थीं। फिर वह स्कूल लेडी ओडवायर गर्ल्स स्कूल हुआ और अब संभवतः बड़ा कालेज हो गया होगा।

मेरा मनोयोग और शिक्षा के प्रति आकर्षण देखकर पिताजी को प्रयाग याद आया और मैं क्रास्थवेट गर्ल्स कालेज में पढ़ने आयी और यहाँ बहिन सुभद्राकुमारी चौहान मिलीं। तब खड़ी बोली में लिखने की अबाध स्वतंत्रता मिल सकी।

उस समय देश की स्वतंत्रता के संघर्ष के साथ हिन्दी के प्रसार-प्रचार का कार्य भी महत्वपूर्ण समझा जाता था। अनेक पत्र-पत्रिकाएँ प्रकाशित होतीं और अनेक कवि-सम्मेलन होते थे, जिनमें बड़े लेखक अध्यक्षता करते और विद्यार्थी कविता-पाठ करने आते थे।

मेरी कविता का तुतला उपक्रम समाप्त हो चुका था और मैंने भी अनेक तुकबन्दियाँ रचीं जो अज्ञातनामा होकर जुलूसों में गायी जाती रहीं—

वन्दिनी जननी तुझे हम मुक्त कर देंगे।
शृंखलाएँ ताप से उर के गलेंगी
भित्तियाँ ये लौह की रज में मिलेंगी
रक्त से अपने गुलाबों के खिला कर लाल बादल
इस तिमिर को हम उषा आरक्त कर देंगे

ऐसे अनेक गीत लिखे गये और बिना नाम के प्रसार पाते रहे जिनमें कुछ अब भी शेष हैं और कुछ समय के प्रवाह में बह गए हैं। उस समय कविताएँ संग्रह करने का विचार न आना ही संभव था। इस प्रकार वह प्रथम आयाम मुझे अपने गन्तव्य का बोध देकर समाप्त हुआ।

यामा में मेरी काव्य-यात्रा के चार आयाम संग्रहीत हैं। अतः ये मेरे भाव और चिन्तन-जगत की क्रमबद्धता के कारण महत्वपूर्ण हैं। नीहार की कुछ रचनाएँ तत्कालीन प्रकाशित लघु पत्रिकाओं—स्त्रीदर्पण, मर्यादा आदि में प्रकाशित हुईं तथा सन् '२२ से नियमित रूप से चाँद में भी प्रकाशित होने लगीं। तभी मैं कवि-सम्मेलनों में भी उपस्थित होने लगी और भाई सुमित्रानन्दन जी से परिचय हुआ तथा पद्मकोट में श्रीधर पाठक जी के भी दर्शन हुए। नीहार की रचनाएँ उस समय की हैं जब मैं आठवीं कक्षा की विद्यार्थिनी थी और उन रचनाओं को पुस्तकाकार प्रकाशित कराने की इच्छा से अनजान थी। किन्तु संभवतः श्रद्धेय टण्डन जी की प्रेरणा से साहित्य भवन के मैनेजर

उन रचनाओं को प्रकाशनार्थ ले गये। वह प्रथम प्रकाशन इतना शुभ हुआ कि तब से आज तक प्रकाशकों ने मुझे खोजा है पर मैंने कभी प्रकाशक को नहीं खोजा।

मेरी कर्मपत्री हिन्दी-जगत के समक्ष खुली पुस्तक के समान रही है। अत: अपने संबंध में अधिक कहने की आवश्यकता का अनुभव नहीं होता।

—महादेवी

कविता-सूची

विषय-क्रम पृ० सं०

नीहार

[प्रथम याम:]

एक

निशा को, धो देता राकेश
चाँदनी में जब अलकें खोल,
कली से कहता था मधुमास
बता दो मधुमदिरा का मोल,

गये तब से कितने युग बीत
हुए कितने दीपक निर्वाण,
नहीं पर मैंने पाया सीख
तुम्हारा सा मनमोहन गान।

बिछाती थी सपनों के जाल
तुम्हारी वह करुणा की कोर,
गयी वह अधरों की मुस्कान
मुझे मधुमय पीड़ा में बोर,

भूलती थी मैं सीखे राग
बिछलते थे कर बारम्बार,
तुम्हें तब आता था करुणेश!
उन्हीं मेरी भूलों पर प्यार!

झटक जाता था पागल वात
धूलि में तुहिन-कणों के हार,
सिखाने जीवन का संगीत
तभी तुम आये थे इस पार!

नहीं अब गाया जाता देव!
थकी अँगुली, हैं ढीले तार,
विश्ववीणा में अपनी आज
मिला लो यह अस्फुट झंकार!

●

दो

मैं अनन्त पथ में लिखती जो
सस्मित सपनों की बातें,
उनको कभी न धो पायेंगी
अपने आँसू से रातें!

तारों में प्रतिबिम्बित हो
मुस्कायेंगी अनन्त आँखें,
होकर सीमाहीन, शून्य में
मँडरायेंगी अभिलाषें!

उड़ उड़ कर जो धूल करेगी
मेघों का नभ में अभिषेक,
अमिट रहेगी उसके अंचल—
में मेरी पीड़ा की रेख!

वीणा होगी मूक बजाने—
वाला होगा अन्तर्धान,
विस्मृति के चरणों पर आकर
लोटेंगे सौ सौ निर्वाण!

जब असीम से हो जायेगा
मेरी लघु सीमा का मेल,
देखोगे तुम देव! अमरता
खेलेगी मिटने का खेल!

●

तीन

निश्वासों का नीड़, निशा का
बन जाता जब शयनागार,
लुट जाते अभिराम छिन्न
मुक्तावलियों के बन्दनवार,

तब बुझते तारों के नीरव नयनों का यह हाहाकार,
आँसू से लिख लिख जाता है 'कितना अस्थिर है संसार!'

हँस देता जब प्रात, सुनहरे
अंचल में बिखरा रोली,
लहरों की बिछलन पर जब
मचली पड़तीं किरणें भोली,

तब कलियाँ चुपचाप उठाकर पल्लव के घूँघट सुकुमार;
छलकी पलकों से कहती हैं 'कितना मादक है संसार!'

देकर सौरभ-दान पवन से
कहते जब मुरझाये फूल,
'जिसके पथ में बिछे वही
क्यों भरता इन आँखों में धूल!'

'अब इनमें क्या सार' मधुर जब गाती भौंरों की गुञ्जार,
मर्मर का रोदन कहता है 'कितना निष्ठुर है संसार!.

स्वर्ण वर्ण से दिन लिख जाता
जब अपने जीवन की हार,
गोधूली, नभ के आँगन में
देती अगणित दीपक बार,

हँस कर तब उस पार तिमिर का कहता बढ़ बढ़ पारावार,
'बीते युग, पर बना हुआ है अब तक मतवाला संसार!'

स्वप्नलोक के फूलों से कर
अपने जीवन का निर्माण,
'अमर हमारा राज्य' सोचते
हैं जब मेरे पागल प्राण,

आकर तब अज्ञात देश से जाने किसकी मृदु झंकार,
गा जाती है करुण स्वरों में 'कितना पागल है संसार!'

●

चार

वे मुस्काते फूल, नहीं—
जिनको आता है मुरझाना,
वे तारों के दीप, नहीं
जिनको भाता है बुझ जाना;

वे सूने से नयन, नहीं—
जिनमें बनते आँसू मोती,
वह प्राणों की सेज, नहीं—
जिसमें बेसुध पीड़ा सोती;

वे नीलम के मेघ, नहीं—
जिनको है घुल जाने की चाह;
वह अनन्त ऋतुराज, नहीं—
जिसने देखी जाने की राह;

ऐसा तेरा लोक, वेदना
नहीं, नहीं जिसमें अवसाद,
जलना जाना नहीं, नहीं
जिसने जाना मिटने का स्वाद!

क्या अमरों का लोक मिलेगा
तेरी करुणा का उपहार?
रहने दो हे देव! अरे
यह मेरा मिटने का अधिकार!

●

पाँच

घायल मन लेकर सो जाती
मेघों में तारों की प्यास,
यह जीवन का ज्वार शून्य का
करता है बढ़ कर उपहास!

चल चपला के दीप जलाकर
किसे ढूँढ़ता अन्धकार?
'अपने आँसू आज पिला दो'
कहता किन से पारावार?

झुक झुक झूम झूम कर लहरें
भरतीं बूँदों के मोती,
यह मेरे सपनों की छाया
झोंकों में फिरती रोती!

आज किसी के मसले तारों—
की वह दूरागत झंकार,
मुझे बुलाती है सहमी सी
झंझा के परदों के पार!

इस असीम तम में मिलकर
मुझको पल भर सो जाने दो,
बुझ जाने दो देव! आज
मेरा दीपक बुझ जाने दो!

●

छह

जिन नयनों की विपुल नीलिमा—
में मिलता नभ का आभास,
जिनका सीमित उर करता था
सीमाहीनों का उपहास;

जिस मानस में डूब गये—
कितनी करुणा कितने तूफान,
लोट रहा है आज धूलि में
उन मतवालों का अभिमान!

जिन अधरों की मन्द हँसी थी
नव अरुणोदय का उपमान,
किया दैव ने जिन प्राणों का
केवल सुषमा से निर्माण;

तुहिनबिन्दु सा, मंजु सुमन सा
जिनका जीवन था सुकुमार,
दिया उन्हें भी निठुर काल ने
पाषाणों का शयनागार!

* * *

कन कन में बिखरी सोती है
अब उनके जीवन की प्यास,
जगा न दे हे दीप! कहीं
उसको तेरा यह क्षीण प्रकाश

●

सात

छाया की आँखमिचौनी
मेघों का मतवालापन,
रजनी के श्याम कपोलों
पर ढरकीले श्रम के कन;

फूलों की मीठी चितवन
नभ की ये दीपावलियाँ,
पीले मुख पर सन्ध्या के
वे किरणों की फुलझड़ियाँ।

विधु की चाँदी की थाली
मादक मकरन्द भरी सी,
जिसमें उजियारी रातें
लुटतीं घुलतीं मिसरी सी!

भिक्षुक से फिर जाओगे
जब लेकर यह अपना धन,
करुणामय तब समझोगे
इन प्राणों का महँगापन!

क्यों आज दिये देते हो
अपना मरकत-सिंहासन?
यह है मेरे मरु-मानस
का चमकीला सिकता-कन?

आलोक यहाँ लुटता है
बुझ जाते हैं तारागण,
अविराम जला करता है
पर मेरा दीपक सा मन!

जिसकी विशाल छाया में
जग बालक सा सोता है,
मेरी आँखों में वह दुख
आँसू बन कर खोता है!

जग हँसकर कह देता है
मेरी आँखें हैं निर्धन,
इनके बरसाये मोती
क्या वह अब तक पाया गिन?

मेरी लघुता पर आती
जिस दिव्य लोक की व्रीड़ा,
उसके प्राणों से पूछो
वे पाल सकेंगे पीड़ा?

उनसे कैसे छोटा है
मेरा यह भिक्षुक जीवन?
उनमें अनन्त करुणा है
इसमें असीम सूनापन!

●

आठ

घोर तम छाया चारों ओर
घटायें घिर आईं घनघोर;
वेग मारुत का है प्रतिकूल
हिले जाते हैं पर्वतमूल
गरजता सागर बारम्बार।
कौन पहुँचा देगा उस पार?

तरंगें उठीं पर्वताकार
भयंकर करतीं हाहाकार;
अरे उनके फेनिल उच्छ्वास
तरी का करते हैं उपहास,
हाथ से गई छूट पतवार,
कौन पहुँचा देगा उस पार?

ग्रास करने तरणी, स्वच्छन्द
घूमते फिरते जलचर-वृन्द;
देख कर काला सिन्धु अनन्त
हो गया हा साहस का अन्त!
तरंगें हैं उत्ताल अपार,
कौन पहुँचा देगा उस पार?

बुझ गया वह नक्षत्र-प्रकाश
चमकती जिसमें मेरी आश;
रैन बोली सज कृष्ण दुकूल
विसर्जन करो मनोरथ-फूल;
न लाये कोई कर्णाधार,
कौन पहुँचा देगा उस पार?

सुना था मैं ने इस के पार,
बसा है सोने का संसार,
जहाँ के हँसते विहग ललाम
मृत्यु–छाया का सुनकर नाम!
धरा का है अनन्त शृंगार,
कौन पहुँचा देगा उस पार?

जहाँ के निर्झर नीरव गान
सुना करते अमरत्व प्रदान;
सुनाता नभ अनन्त झंकार
बजा देता है सारे तार;
भरा जिसमें असीम सा प्यार,
कौन पहुँचा देगा उस पार?

पुष्प में है अनन्त मुस्कान
त्याग का है मारुत में गान;
सभी में है स्वर्गीय विकास
वही कोमल कमनीय प्रकाश;
दूर कितना है वह संसार!
कौन पहुँचा देगा उस पार?

सुनाई किसने पल में आन
कान में मधुमय मोहक तान?
'तरी को ले जाओ मँझधार
डूब कर हो जाओगे पार,
विसर्जन ही है कर्णाधार,
वही पहुँचा देगा उस पार!'

●

नौ

जो मुखरित कर जाती थी
मेरा नीरव आवाहन,
मैं ने दुर्बल प्राणों की
वह आज सुला दी कम्पन!

थिरकन अपनी पुतली की
भारी पलकों में बाँधी
निस्पन्द पड़ी हैं आँखें
बरसाने वाली आँधी!

जिसके निष्फल जीवन ने
जल जल कर देखीं राहें,
निर्वाण हुआ है देखो
वह दीप लुटा कर चाहें!

निर्घोष घटाओं में छिप
तड़पन चपला की सोती
झंझा के उन्मादों में
घुलती जाती बेहोशी!

करुणामय को भाता है
तम के परदों में आना,
हे नभ की दीपावलियो!
तुम पल भर को बुझ जाना!

●

दस

था कली के रूप शैशव—
में अहो सूखे सुमन,
मुस्कराता था, खिलाती
अंक में तुझको पवन!

खिल गया जब पूर्ण तू—
मञ्जुल सुकोमल पुष्पवर,
लुब्ध मधु के हेतु मँडराते
लगे आने भ्रमर!

स्निग्ध किरणें चन्द्र की—
तुझको हँसाती थीं सदा,
रात तुझ पर वारती थी
मोतियों की सम्पदा!

लोरियाँ गाकर मधुप
निद्रा विवश करते तुझे,
यत्न माली का रहा—
आनन्द से भरता तुझे!

कर रहा अठखेलियाँ—
इतरा सदा उद्यान में,
अन्त का यह दृश्य आया—
था कभी क्या ध्यान में!

सो रहा अब तू धरा पर—
शुष्क बिखराया हुआ,
गन्ध कोमलता नहीं
मुख मंजु मुरझाया हुआ!

आज तुझको देखकर
चाहक भ्रमर आता नहीं,
लाल अपना राग तुझ पर
प्रात बरसाता नहीं;

जिस पवन ने अंक में—
ले प्यार था तुझको किया,
तीव्र झोंके से सुला—
उसने तुझे भू पर दिया!

कर दिया मधु और सौरभ
दान सारा एक दिन
किन्तु रोता कौन है
तेरे लिए दानी सुमन?

मत व्यथित हो फूल! किसका
सुख दिया संसार ने?
स्वार्थमय सबको बनाया—
है यहाँ करतार ने!

विश्व में हे फूल! तू—
सब के हृदय भाता रहा,
दान कर सर्वस्व फिर भी—
हाय हर्षाता रहा;

जब न तेरी ही दशा पर
दुख हुआ संसार को,
कौन रोयेगा सुमन!
हम से मनुज निःसार को?

●

ग्यारह

इस एक बूँद आँसू में
चाहे साम्राज्य बहा दो,
वरदानों की वर्षा से
यह सूनापन बिखरा दो;

इच्छाओं की कम्पन से
सोता एकान्त जगा दो,
आशा की मुस्काहट पर
मेरा नैराश्य लुटा दो!

चाहे जर्जर तारों में
अपना मानस उलझा दो,
इन पलकों के प्यालों में
सुख का आसव छलका दो;

मेरे बिखरे प्राणों में
सारी करुणा ढुलका दो,
मेरी छोटी सीमा में
अपना अस्तित्व मिटा दो?

पर शेष नहीं होगी यह
मेरे प्राणों की क्रीड़ा,
तुमको पीड़ा में ढूँढ़ा
तुम में ढूँढ़ूँगी पीड़ा!

●

बारह

स्वर्ग का था नीरव उच्छ्वास
देव-वीणा का टूटा तार,
मृत्यु का क्षणभंगुर उपहार
रत्न वह प्राणों का शृंगार।

नई आशाओं का उपवन
मधुर वह था मेरा जीवन!

क्षीरनिधि की थी सुप्त तरङ्ग
सरलता का न्यारा निर्झर,
हमारा वह सोने का स्वप्न
प्रेम की चमकीली आकर;

शुभ्र जो था निर्मेघ गगन
सुभग मेरा सगी जीवन!

अलक्षित आ किसने चुपचाप
सुना अपनी सम्मोहन तान,
दिखाकर माया का साम्राज्य
बना डाला इसको अज्ञान?

मोह-मदिरा का आस्वादन
किया क्यों हे भोले जीवन!

न रहता भौंरों का आह्वान
नहीं रहता फूलों का राज्य,
कोकिला होती अन्तर्धान
चला जाता प्यारा ऋतुराज;

असम्भव है चिर सम्मेलन
न भूलो क्षणभंगुर जीवन!

तुम्हें ठुकरा जाता नैराश्य
हँसा जाती है तुझको आश,
नचाता मायावी संसार
लुभा जाता सपनों का हास;

मानते विष को संजीवन
मुग्ध मेरे भूले जीवन!

विकसते मुरझाने को फूल
उदय होता छिपने को चन्द,
शून्य होने को भरते मेघ
दीप जलता होने को मन्द;

यहाँ किसका अनन्त यौवन?
अरे अस्थिर छोटे जीवन!

छलकती जाती है दिन रैन
लबालब तेरी प्याली मीत!
ज्योति होती जाती है क्षीण
मौन होता जाता संगीत;
करो नयनों का उन्मीलन
क्षणिक हे मतवाले जीवन!

शून्य से बन जाओ गम्भीर
त्याग की हो जाओ झंकार,
इसी छोटे प्याले में आज
डुबा डालो सारा संसार,

लजा जायें यह मुग्ध सुमन
बनो ऐसे छोटे जीवन?

सखे! यह है माया का देश
क्षणिक है मेरा तेरा संग,
यहाँ मिलता काँटों में बन्धु!
सजीला सा फूलों का रङ्ग;

तुम्हें करना विच्छेद सहन
न भूलो हे प्यारे जीवन!

●

तेरह

गिरा जब हो जाती है मौन
देख भावों का पारावार,
तोलते हैं जब बेसुध प्राण
शून्य से करुणकथा का भार,
मौन बन जाता आकर्षण
वहीं मिलता नीरव भाषण!

जहाँ बनता पतझर वसन्त
जहाँ जागृति बनती उन्माद,
जहाँ मदिरा देती चैतन्य
भूलना बनता मीठी याद,
जहाँ मानस का मुग्ध मिलन
वहीं मिलता नीरव भाषण

जहाँ विष देता है अमरत्व
जहाँ पीड़ा है प्यारी मीत,
अश्रु हैं नैनों का शृङ्गार
जहाँ ज्वाला बनती नवनीत,
मृत्यु बन जाती नवजीवन
वहीं रहता नीरव भाषण!

नहीं जिसमें अनन्त विच्छेद
बुझा पाता जीवन की प्यास,
करुण नयनों का संचित मौन
सुनाता कुछ अतीत की बात,
प्रतीक्षा बन जाती अंजन
वहीं मिलता नीरव भाषण!

पहन कर जब आँसू के हार
मुस्करातीं वे पुतली श्याम,
प्राण में तन्मयता का हास
माँगता है पीड़ा अविराम,
वेदना बनती संजीवन
वहीं मिलता नीरव भाषण!

जहाँ मिलता पंकज का प्यार
जहाँ नभ में रहता आराध्य,
ढाल देना प्राणों में प्राण
जहाँ होती जीवन की साध,
मौन बन जाता आवाहन
वहीं रहता नीरव भाषण!

जहाँ है भावों का विनिमय
जहाँ इच्छाओं का संयोग,
जहाँ सपनों में है अस्तित्व
कामनाओं में रहता योग,
महानिद्रा बनता जीवन
वहीं मिलता नीरव भाषण!

जहाँ आशा बनती नैराश्य
राग बन जाता है उच्छ्‌वास,
मधुर वीणा है अन्तर्नाद
तिमिर में मिलता दिव्य प्रकाश;
हास बन जाता है रोदन
वहीं मिलता नीरव भाषण!

●

चौदह

मधुरिमा के, मधु के अवतार
सुधा से, सुषमा से, छविमान
आँसुओं में सहमे अभिराम
तारकों से हे मूक अजान!

सीख कर मुस्काने की बान
कहाँ आये हो कोमलप्राण?

स्निग्ध रजनी से लेकर हास
रूप से भर कर सारे अंग,
नये पल्लव का घूँघट डाल
अछूता ले अपना मकरन्द,

ढूँढ़ पाया कैसे यह देश;
स्वर्ग के हे मोहक सन्देश?

रजत किरणों से नयन पखार
अनोखा ले सौरभ का भार,
छलकता लेकर मधु का कोष,
चले आये एकाकी पार;

कहो क्या आये हो पथ भूल
मञ्जु छोटे मुस्काते फूल?

उषा के छू आरक्त कपोल
किलक पड़ता तेरा उन्माद,
देख तारों के बुझते प्राण
न जाने क्या आ जाता याद?

हेरती है सौरभ की हाट
कहो किस निर्मोही की बाट?

चाँदनी का शृङ्गार समेट
अधखुली आँखों की यह कोर,
लुटा अपना यौवन अनमोल
ताकती किस अतीत की ओर!

जानते हो यह अभिनव प्यार
किसी दिन होगा कारागार?

कौन वह है सम्मोहन राग
खींच लाया तुमको सुकुमार?
तुम्हें भेजा जिसने इस देश
कौन वह है निष्ठुर कर्तार?

हँसो पहनो काँटों के हार
मधुर भोलेपन के संसार!

●

पन्द्रह

जो तुम आ जाते एक बार!

कितनी करुणा कितने संदेश
पथ में बिछ जाते बन पराग,
गाता प्राणों का तार तार
अनुराग भरा उन्माद राग।

आँसू लेते वे पद पखार!

हँस उठते पल में आर्द्र नयन
धुल जाता ओठों से विषाद,
छा जाता जीवन में वसन्त
लुट जाता चिर संचित विराग;

आँखें देतीं सर्वस्व वार!

●

रश्मि

[द्वितीय यामः]

सोलह

चुभते ही तेरा अरुण बान!
बहते कन कन से फूट फूट;
मधु के निर्झर से सजल गान!

इन कनक-रश्मियों में अथाह,
लेता हिलोर तम-सिन्धु जाग;
बुद्बुद् से बह चलते अपार,
उसमें विहगों के मधुर राग;
बनती प्रवाल का मृदुल कूल,
जो क्षितिज-रेख थी कुहर-म्लान!

नव कुन्द - कुसुम से मेघ - पुंज,
बन गए इन्द्रधनुषी वितान;
दे मृदु कलियों की चटक, ताल,
हिम - बिन्दु नचाती तरलप्राण;
धो स्वर्ण - प्रात में तिमिर - गात,
दुहराते अलि निशि - मूक तान!

सौरभ का फैला केश - जाल,
करतीं समीर - परियाँ विहार,
गीली केसर - मद झूम - झूम,
पीते तितली के नव कुमार,
मर्मर का मधुसंगीत छेड़—
देते हैं हिल पल्लव अजान!

फैला अपने मृदु स्वप्न - पंख,
उड़ गई नींद - निशि क्षितिज पार,
अधखुले दृगों के कंज - कोष—
पर छाया विस्मृति का खुमार;
रंग रहा हृदय ले अश्रु - हास,
यह चतुर चितेरा सुधि - विहान!

●

सत्रह

रजत रश्मियों की छाया में धूमिल घन सा वह आता;
इस निदाघ से मानव में करुणा के स्रोत बहा जाता!

उसमें मर्म छिपा जीवन का,
एक तार अगणित कम्पन का,
एक सूत्र सबके बन्धन का,

संसृति के सूने पृष्ठों में करुणकाव्य वह लिख जाता!

वह उर में आता बन पाहुन,
कहता मन से 'अब न कृपण बन',
मानस की निधियाँ लेता गिन,

दृग-द्वारों को खोल विश्व-भिक्षुक पर, हँस बरसा आता!

यह जग है विस्मय से निर्मित,
मूक पथिक आते जाते नित,
नहीं प्राण प्राणों से परिचित,

यह उनका संकेत नहीं जिसके बिन विनिमय हो पाता!

मृगमरीचिका के चिर पथ पर,
सुख आता प्यासों के पग धर,
रुद्ध हृदय के पट लेता कर,

गर्वित कहता 'मैं मधु हूँ मुझसे क्या पतझर का नाता'।

दुख के पद छू बहते झर झर,
कण कण से आँसू के निर्झर,
हो उठता जीवन मृदु उर्वर,

लघु मानस में वह असीम जग को आमन्त्रित कर लाता!

●

अठारह

किन उपकरणों का दीपक,
किसका जलता है तेल?
किसकी वर्ति, कौन करता
इसका ज्वाला से मेल?

शून्य काल के पुलिनों पर—
आकर चुपके से मौन,
इसे बहा जाता लहरों में
वह रहस्यमय कौन?

कुहरे सा धुँधला भविष्य है
है अतीत तम घोर;
कौन बता देगा जाता यह
किस असीम की ओर?

पावस की निशि में जुगनू का—
ज्यों आलोक - प्रसार,
इस आभा में लगता तम का
और गहन विस्तार!

इन उत्ताल तरङ्गों पर सह—
झंझा के आघात,
जलना ही रहस्य है बुझना—
है नैसर्गिक बात!

●

उन्नीस

कुमुद - दल से वेदना के दाग को
पोंछती जब आँसुओं से रश्मियाँ,
चौंक उठतीं अनिल के निश्वास छू
तारिकायें चकित सी अनजान सी;

तब बुला जाता मुझे उस पार जो
दूर के संगीत सा वह कौन है?

शून्य नभ पर उमड़ जब दुखभार सी
नैश तम में, सघन छा जाती घटा,
बिखर जाती जुगनुओं की पाँति भी
जब सुनहले आँसुओं के हार सी;

तब चमक जो लोचनों को मूँदता
तडित् की मुस्कान में वह कौन है?

अवनि - अम्बर की रुपहली सीप में
तरल मोती सा जलधि जब काँपता,
तैरते घन मृदुल हिम के पुंज से
ज्योत्स्ना के रजत पारावार में;

सुरभि बन जो थपकियाँ देता मुझे,
नींद के उच्छ्वास सा, वह कौन है?

जब कपोल-गुलाब, पर शिशुप्रात के
सूखते नक्षत्र जल के बिन्दु से,
रश्मियों की कनक-धारा में नहा
मुकुल हँसते मोतियों का अर्घ्य दे;

स्वप्न-शाला में यवनिका डाल जो
तब दृगों को खोलता वह कौन है?

●

बीस

स्मित तुम्हारी से छलक यह ज्योत्स्ना अम्लान,
जान कब पाई हुआ उसका कहाँ निर्माण!

अचल पलकों में जड़ी सी तारिकाएँ दीन,
ढूँढ़तीं अपना पता विस्मित निमेषविहीन!

गगन जो तेरे विशद अवसाद का आभास,
पूछता 'किसने दिया यह नीलिमा का न्यास'!

निठुर क्यों फैला दिया यह उलझनों का जाल,
आप अपने को जहाँ सब ढूँढ़ते बेहाल!

काल - सीमा - हीन सूने में रहस्यनिधान!
मूर्तिमत् कर वेदना तुमने गढ़े जो प्राण;

धूलि के कण में उन्हें बन्दी बना अभिराम,
पूछते हो अब अपरिचित से उन्हीं का नाम!

पूछता क्या दीप है आलोक का आवास?
सिंधु को कब खोजने लहरें उड़ीं आकाश!

धड़कनों से पूछता है क्या हृदय पहचान?
क्या कभी कलिका रही मकरन्द से अनजान?

क्या पता देते घनों को वारि-बिन्दु असार?
क्या नहीं दृग जानते निज आँसुओं का भार?

चाह की मृदु उँगलियों ने छू हृदय के तार,
जो तुम्हीं में छेड़ दी मैं हूँ वही झंकार!

नींद के नभ में तुम्हारे स्वप्न - पावस - काल,
आँकता जिसको वही मैं इन्द्रधनु हूँ बाल!

तृप्ति - प्याले में तुम्हीं ने साध का मधु घोल,
है जिसे छलका दिया मैं वही बिन्दु अमोल!

तोड़ कर वह मुकुर जिसमें रूप करता लास,
पूछता आधार क्या प्रतिबिम्ब का आवास?

उर्म्मियों में झूलता राकेश का आभास,
दूर होकर क्या नहीं है इन्दु के ही पास?

इन हमारे आँसुओं में बरसते सविलास—
जानते हो क्या नहीं किसके तरल उच्छ्वास?

इस हमारी खोज में इस वेदना में मौन,
जानते हो खोजता है पूर्ति अपनी कौन?

यह हमारे अन्त - उपक्रम यह पराजय - जीत,
क्या नहीं रचता तुम्हारी साँस का संगीत?

पूछते फिर किसलिए मेरा पता बेपीर!
हृदय की धड़कन मिली है क्या हृदय को चीर?

●

इक्कीस

दिया क्यों जीवन का वरदान?

इसमें है स्मृतियों का कम्पन;
सुप्त व्यथाओं का उन्मीलन;
स्वप्नलोक की परियाँ इसमें
भूल गईं मुस्कान!

इसमें है झंझा का शैशव;
अनुरंजित कलियों का वैभव;
मलयपवन इसमें भर जाता
मृदु लहरों के गान!

इन्द्रधनुष - सा घन - अंचल में;
तुहिन - बिन्दु सा किसलय दल में;
करता है पल - पल में देखो;
मिटने का अभिमान!

सिकता में अंकित रेखा - सा;
वात - विकम्पित दीपशिखा -सा;
काल - कपोलों पर आँसू - सा
ढुल जाता हो म्लान!

●

बाईस

कह दे माँ क्या अब देखूँ!

देखूँ खिलती कलियाँ या
प्यासे सूखे अधरों को,
तेरी चिर यौवन-सुषमा
या जर्जर जीवन देखूँ!

देखूँ हिम - हीरक हँसते
हिलते नीले कमलों पर,
या मुरझाई पलकों से
झरते आँसू - कण देखूँ!

सौरभ पी पी कर बहता
देखूँ यह मन्द समीरण,
दुख की घूँटें पीती या
ठंढी साँसों को देखूँ!

खेलूँ परागमय मधुमय
तेरी वसन्त - छाया में,
या झुलसे सन्तापों से
प्राणों का पतझर देखूँ!

मकरन्द - पगी केसर पर
जीती मधु - परियाँ ढूँढ़ूँ,
य उर - पञ्जर में कण को
तरसे जीवन - शुक देखूँ!

कलियों की घन जाली में
छिपती देखूँ लतिकायें,
या दुर्दिन के हाथों में
लज्जा की करुणा देखूँ!

बहलाऊँ नव किसलय के—
झूले में अलि - शिशु तेरे,
पाषाणों में मसले या
फूलों से शैशव देखूँ!

तेरे असीम आँगन की
देखूँ जगमग दीवाली,
या इस निर्जन कोने के
बुझते दीपक को देखूँ!

देखूँ विहगों का कलरव
घुलता जल की कलकल में,
निस्पन्द पड़ी वीणा से
या बिखरे मानस देखूँ!

मृदु रजत - रश्मियाँ देखूँ
उलझी निद्रा - पंखों में,
या निर्निमेष पलकों में
चिन्ता का अभिनय देखूँ!

तुझ में अम्लान हँसी है
इसमें अजस्र आँसू - जल
तेरा वैभव देखूँ या
जीवन का क्रन्दन देखूँ!

●

तेईस

तुम हो विधु के बिम्ब और मैं
मुग्धा रश्मि अजान,
जिसे खींच लाते अस्थिर कर
कौतूहल के बाण!

कलियों के मृदु प्यालों से जो
करती मधुमद पान,
झाँक, जला देती नीड़ों में
दीपक सी मुस्कान!

लोल तरंगों के तालों पर
करती बेसुध लास;
फैलाती तम के रहस्य पर
आलिङ्गन का पाश;

ओस - धुले पथ में छिप तेरा
जब आता आह्वान,
भूल अधूरा खेल तुम्हीं में
होती अन्तर्धान!

तुम अनन्त जलराशि ऊर्म्मि मैं
चंचल सी अवदात,
अनिल - निपीड़ित जा गिरती जो
कूलों पर अज्ञात;

हिम - शीतल अधरों से छूकर
तप्त कणों की प्यास,
बिखराती मंजुल मोती से
बुद्बुद् में उल्लास,

देख तुम्हें निस्तब्ध निशा में
करते अनुसंधान,
श्रान्त तुम्हीं में सो जाते जा
जिसके बालक प्राण!

तुम परिचित ऋतुराज मूक मैं
मधुश्री कोमलगात,
अभिमन्त्रित कर जिसे सुलाती
आ तुषार की रात;

पीत पल्लवों में सुन तेरी
पदध्वनि उठती जाग,
फूट फूट पड़ता किसलय मिस
चिरसंचित अनुराग;

मुखरित कर देता मानस - पिक—
तेरा चितवन - प्रात,
छू मादक निश्वास पुलक
उठते रोओं से पात!

फूलों में मधु से लिखती जो
मधुघड़ियों के नाम,
भर देती प्रभात का अंचल
सौरभ से बिन दाम;

'मधु जाता अलि' जब कह जाती
आ सन्तप्त बयार,
मिल तुमसे उड़ जाता जिसका
जागृति का संसार!

स्वरलहरी मैं मधुर स्वप्न की
तुम निद्रा के तार,
जिसमें होता इस जीवन का
उपक्रम उपसंहार;

पलकों से पलकों पर उठकर
तितली सी अम्लान,
निद्रित जग पर बुन देती जो
लय का एक वितान;

मानस-दोलों में सोती शिशु
इच्छायें अनजान,
उन्हें उड़ा देतीं नभ में दे
द्रुत पंखों का दान!

सुख-दुख की मरकत - प्याली से
मधु अतीत कर पान,
मादकता की आभा से छा
लेती तम के प्राण;

जिसकी साँसें छू हो जाता
छायाजग वपुमान,
शून्य निशा में भटके फिरते
सुधि के मधुर विहान;

इन्द्रधनुष के रङ्गों से भर
धुँधले चित्र अपार;
देती रहती चिर रहस्यमय
भावों को आकार!

जब अपना संगीत सुलाते
थक वीणा के तार,
घुल जाता उसका प्रभात के
कुहरे सा संसार!

तुम असीम विस्तार ज्योति के
मैं तारक सुकुमार,
तेरी रेखारूपहीनता
है जिसमें साकार!

फूलों पर नीरव रजनी के
शून्य पलों के भार,
पानी करते रहते जिसके
मोती के उपहार;

जब समीर - यानों पर उड़ते
मेघों के लघु बाल,
उनके पथ पर जो बुन देता
मृदु आभा के जाल;

जो रहता तम के मानस में
ज्यों पीड़ा का दाग,
आलोकित करता दीपक सा
अन्तर्हित अनुराग!

जब प्रभात में मिट जाता
छाया का कारागार,
मिल दिन में असीम हो जाता
जिसका लघु आकार!

मैं तुमसे हूँ एक, एक हैं
जैसे रश्मि - प्रकाश,
मैं तुमसे हूँ भिन्न, भिन्न ज्यों
घन से तडित् - विलास;

मुझे बाँधने आते हो लघु
सीमा में चुपचाप,
कर पाओगे भिन्न कभी क्या
ज्वाला से उत्ताप?

●

चौबीस

न थे जब परिवर्तन दिन-रात,
नहीं आलोक - तिमिर थे ज्ञात;
व्याप्त क्या सूने में सब ओर,
एक कम्पन थी एक हिलोर?

न जिसमें स्पन्दन था न विकार,
न जिसका आदि न उपसंहार;
सृष्टि के आदि आदि में मौन,
अकेला सोता था वह कौन?

स्वर्ण - लूता सी कब सुकुमार,
हुई उसमें इच्छा साकार?
उगल जिसने तिनरंगे तार,
बुन लिया अपना ही संसार!

बदलता इन्द्रधनुष सा रङ्ग;
सदा वह रहा नियति के सङ्ग;
नहीं उसको विराम विश्राम,
एक बनने मिटने का काम!

सिन्धु की जैसे तप्त उसाँस,
दिखा नभ में लहरों सा लास,
घात प्रतिघातों की खा चोट,
अश्रु बन फिर आ जाती लौट!

बुलबुले मृदु उर के से भाव,
रश्मियों से कर कर अपनाव,
यथा हो जाते जलमयप्राण—
उसी में आदि यही अवसान!

धरा की जड़ता उर्वर बन,
प्रकट करती अपार जीवन;
उसी में मिलते वे द्रुततर,
सींचने क्या नवीन अंकुर?

मृत्यु का प्रस्तर - सा उर चीर,
प्रवाहित होता जीवन - नीर,
चेतना से जड़ का बन्धन,
यही संसृति की हृत्कम्पन!

विविध रङ्गों के मुकुर सँवार,
जड़ा जिसने यह कारागार,
बना क्या बन्दी वही अपार,
अखिल प्रतिबिम्बों का आधार?

वक्ष पर जिसके जल उडुगण,
बुझा देते असंख्य जीवन;
कनक औ' नीलम - यानों पर,
दौड़ते जिस पर निशि - वासर;

पिघल गिरि से विशाल बादल,
न कर सकते जिसको चंचल;
तडित् की ज्वाला घन - गर्जन;
जगा पाते न एक कम्पन;

उसी नभ सा क्या वह अविकार—
और परिवर्तन का आधार?
पुलक से उठ जिसमें सुकुमार,
लीन होते असंख्य संसार!

●

पचीस

अलि कैसे उनको पाऊँ?

वे आँसू बनकर मेरे,
इस कारण ढुल ढुल जाते,

इन पलकों के बन्धन में,
मैं बाँध बाँध पछताऊँ!

मेघों में विद्युत् सी छवि,
उनकी बनकर मिट जाती,

आँखों की चित्रपटी में,
जिसमें मैं आँक न पाऊँ!

वे आभा बन खो जाते,
शशिकिरणों की उलझन में,

जिसमें उनको कण कण में,
ढूँढूँ पहिचान न पाऊँ!

सोते, सागर की धड़कन
बन, लहरों की थपकी से,

अपनी यह करुण कहानी,
जिसमें उनको न सुनाऊँ!

वे तारक - बालाओं की,
अपलक चितवन बन आते,

जिसमें उनकी छाया भी,
मैं छू न सकूँ अकुलाऊँ!

वे चुपके से मानस में,
आ छिपते उच्छ्वासें बन,

जिसमें उनको साँसों में,
देखूँ पर रोक न पाऊँ!

वे स्मृति बनकर मानस में,
खटका करते हैं निशिदिन,

उनकी इस निष्ठुरता को,
जिसमें मैं भूल न जाऊँ!

●

छब्बीस

अश्रु ने सीमित कणों में बाँध ली,
क्या नहीं घन सी, तिमिर सी वेदना!
क्षुद्र तारों से पृथक संसार में,
क्या कहीं अस्तित्व है झंकार का?

यह क्षितिज को चूमने वाला जलधि,
क्या नहीं नादान लहरों से बना?
क्या नहीं लघु वारि - बूँदों में छिपी,
वारिदों की गहनता गम्भीरता?

विश्व में वह कौन सीमाहीन है?
हो न जिसका खोज सीमा में मिला!
क्यों रहोगे क्षुद्र प्राणों में नहीं,
क्या तुम्हीं सर्वेश एक महान हो?

●

सत्ताईस

जिसको अनुराग सा दान दिया,
उससे कण माँग लजाता नहीं;
अपनापन भूल समाधि लगा,
यह पी का विहाग भुलाता नहीं,
नभ देख पयोधर श्याम घिरा,
मिट क्यों उसमें मिल जाता नहीं
वह कौन सा पी है पपीहा तेरा,
जिसे बाँध हृदय में बसाता नहीं?

उसको अपना करुणा से भरा;
उर-सागर क्यों दिखलाता नहीं?
संयोग-वियोग की घाटियों में,
नव नेह में बाँध झुलाता नहीं?
सन्ताप के संचित आँसुओं से,
नहला के उसे तू धुलाता नहीं;
अपने तम - श्यामल पाहुन को,
पुतली की निशा में सुलाता नहीं!

कभी देख पतङ्ग को जो दुख से
निज, दीपशिखा को रुलाता नहीं;
मिल ले उस मीन से जो जल की,
निठुराई विलाप में गाता नहीं;
कुछ सीख चकोर से जो चुगता,
अङ्गार, किसी को सुनाता नहीं;
अब सीख ले मौन का मन्त्र नया,
यह पी पी घनों को सुहाता नहीं!

●

अट्ठाईस

विश्व - जीवन के उपसंहार!

तू जीवन में छिपा वेणु में ज्यों ज्वाला का वास,
तुझ में मिल जाना ही है जीवन का चरम विकास,

पतझर बन जग में कर जाता
नव वसन्त संचार!

मधु में भीने फूल प्राण में भर मदिरा सी चाह,
देख रहे अविराम तुम्हारे हिम - अधरों की राह,

मुरझाने के मिस देते तुम
नव शैशव उपहार!

कलियों में सुरभित कर अपने मृदु आँसू अवदात,
तेरे मिलन - पंथ में गिन गिन पग रखती है रात,

नव छवि पाने हो जाती मिट
तुझ में एकाकार!

क्षीण शिखा से तम में लिख बीती घड़ियों के नाम,
तेरे पथ में स्वर्णरेणु फैलाता दीप ललाम,

उज्ज्वलतम होता तुझ से ले
मिटने का अधिकार!

घुलने वाले मेघ अगर जिनकी कण कण में प्यास,
जो स्मृति में है अमिट वही मिटने वाला मधुमास—

तुझ बिन हो जाता जीवन का
सारा काव्य असार!

इस अनन्त पथ में संसृति की साँसें करतीं लास,
जाती है असीम होने मिट कर असीम के पास,

कौन हमें पहुँचाता तुझ बिन
अन्तहीन के पार?

चिर यौवन पा सुषमा होती प्रतिमा सी अम्लान,
चाह चाह थक थक कर हो जाते प्रस्तर से प्राण,

सपना होता विश्व हासमय
आँसूमय सुकुमार!

●

उन्तीस

चुका पायेगा कैसे बोल!
मेरा निर्धन सा जीवन तेरे वैभव का मोल!

अंचल में मधु भर जो लातीं,
मुस्कानों में अश्रु बसातीं,
बिन समझे जग पर लुट जातीं,
उन कलियों को कैसे ले यह फीकी स्मित बेमोल!

लक्ष्यहीन सा जीवन पाते,
घुल औरों की प्यास बुझाते,
अणुमय हो जगमय हो जाते,
जो वारिद उनमें मत मेरा लघु आँसू - कन घोल!

भिक्षुक बन सौरभ ले आता,
कोने कोने में पहुँचाता,
सूने में संगीत बहाता,
जो समीर उससे मत मेरी निष्फल साँसें तोल!

जो अलसाया विश्व सुलाते,
बुन मोती का जाल उढ़ाते,
थकते पर पलकें न लगाते,
क्यों मेरा पहरा देते वे तारक आँखें खोल?

पाषाणों की शय्या पाता,
उस पर गीले गान बिछाता,
नित गाता, गाता ही जाता,
जो निर्झर उसको देगा क्या मेरा जीवन लोल?

●

तीस

सजनि तेरे दृग बाल!
चकित से विस्मित से दृग बाल—

आज खोये से आते लौट,
कहाँ अपनी चंचलता हार?
झुकी जातीं पलकें सुकुमार,
कौन से नव रहस्य के भार?

सरल तेरा मृदु हास!
अकारण वह शैशव का हास—

बन गया कब कैसे चुपचाप,
लाजभीनी सी मृदु मुस्कान!
तड़ित सी जो अधरों की ओट,
झाँक हो जाती अन्तर्धान?

सजनि वे पद सुकुमार!
तरङ्गों से द्रुत पद सुकुमार—

सीखते क्यों चंचल गति भूल,
भरे मेघों की धीमी चाल?
तृषित कन-कन को क्यों अलिचूम,
अरुण आभा सी देते ढाल?

मुकुर से तेरे प्राण,
विश्व की निधि से तेरे प्राण—

छिपाये से फिरते क्यों आज,
किसी मधुमय पीड़ा का न्यास,
सजल चितवन में क्यों है हास,
अधर में क्यों सस्मित निश्वास?

●

नीरजा

[तृतीय यामः]

इकतीस

धीरे धीरे उतर क्षितिज से
आ वसन्त - रजनी

तारकमय नव वेणीबन्धन,
शीश - फूल कर शशि का नूतन,
रश्मि-वलय सित घन-अवगुण्ठन,

मुक्ताहल अभिराम बिछा दे
चितवन से अपनी!
पुलकती आ वसन्त - रजनी!

मर्मर की सुमधुर नूपुर - ध्वनि,
अलि - गुंजित पद्मों की किंकिणि,
भर पद - गति में अलस तरंगिणि,

तरल रजत की धार बहा दे
मृदु स्मित से सजनी!
विहँसती आ वसन्त - रजनी!

पुलकित स्वप्नों की रोमावलि,
कर में हो स्मृतियों की अंजलि,
मलयानिल का चल दुकूल अलि!

घिर छाया सी श्याम, विश्व को
आ अभिसार बनी!
सकुचती आ वसन्त - रजनी!

सिहर सिहर उठता सरिता - उर,
खुल खुल पड़ते सुमन सुधा-भर,
मचल मचल आते पल फिर फिर,

सुन प्रिय की पद-चाप हो गई
पुलकित यह अवनी!
सिहरती आ वसन्त - रजनी!

●

बत्तीस

पुलक पुलक उर, सिहर सिहर तन,
आज नयन आते क्यों भर भर?

सकुच सलज खिलती शेफाली,
अलस मौलश्री डाली डाली;
बुनते नव प्रवाल कुंजों में,
रजत - श्याम तारों से जाली;

शिथिल मधु - पवन, गिन-गिन मधु - कण,
हरसिंगार झरते हैं झर झर!
आज नयन आते क्यों भर भर?

पिक की मधुमय वंशी बोली,
नाच उठी सुन अलिनी भोली;
अरुण सजल पाटल बरसाता;
तम पर मृदु पराग की रोली;

मृदुल अंक धर, दर्पण सा सर,
आँज रही निशि दृग - इन्दीवर!
आज नयन आते क्यों भर भर?

आँसू बन बन तारक आते,
सुमन हृदय में सेज बिछाते,
कम्पित बानीरों के वन भी,
रह रह करुण विहाग सुनाते;

निद्रा उन्मन कर कर विचरण,
लौट रही सपने संचित कर!
आज नयन आते क्यों भर भर?

जीवन, जल-कण से निर्मित सा,
चाह-इन्द्रधनु से चित्रित सा;
सजल मेघ सा धूमिल है जग;
चिर नूतन सकरुण पुलकित सा;

तुम विद्युत् बन, आओ पाहुन!
मेरी पलकों में पग धर धर!
आज नयन आते क्यों भर भर?

●

तैंतीस

कौन तुम मेरे हृदय में?

कौन मेरी कसक में नित
मधुरता भरता अलक्षित?
कौन प्यासे लोचनों में
घुमड़ घिर झरता अपरिचित?

स्वर्ण - स्वप्नों का चितेरा
नींद के सूने निलय में!
कौन तुम मेरे हृदय में?

अनुसरण निश्वास मेरे
कर रहे किसका निरन्तर?
चूमने पदचिह्न किसके
लौटते यह श्वास फिर फिर?

कौन बन्दी कर मुझे अब
बँध गया अपनी विजय में?
कौन तुम मेरे हृदय में?

एक करुण अभाव में चिर—
तृप्ति का संसार संचित;
एक लघु क्षण दे रहा
निर्वाण के वरदान शत शत;
पा लिया मैंने किसे इस
वेदना के मधुर क्रय में?
कौन तुम मेरे हृदय में?

गूँजता उर में न जाने
दूर के संगीत सा क्या!
आज खो निज को मुझे
खोया मिला, विपरीत सा क्या!

क्या नहा आई विरह-निशि
मिलन-मधु-दिन के उदय में?
कौन तुम मेरे हृदय में?

तिमिर-पारावार में
आलोक-प्रतिमा है अकम्पित;
आज ज्वाला से बरसता
क्यों मधुर घनसार सुरभित?

सुन रही हूँ एक ही
झंकार जीवन में प्रलय में?
कौन तुम मेरे हृदय में?

मूक सुख दुख कर रहे
मेरा नया श्रृंगार सा क्या?
झूम गर्वित स्वर्ग देता—
नत धरा को प्यार सा क्या?

आज पुलकित सृष्टि क्या
करने चली अभिसार लय में?
कौन तुम मेरे हृदय में?

●

चौंतीस

विरह का जलजात जीवन, विरह का जलजात!

वेदना में जन्म, करुणा में मिला आवास;
अश्रु चुनता दिवस इसका, अश्रु गिनती रात!
जीवन विरह का जलजात!

आँसुओं का कोष उर, दृग अश्रु की टकसाल;
तरल जल-कण से बने घन सा क्षणिक मृदु गात!
जीवन विरह का जलजात!

अश्रु से मधुकण लुटाता आ यहाँ मधुमास;
अश्रु ही की हाट बन आती करुण बरसात!
जीवन विरह का जलजात!

काल इसको दे गया पल - आँसुओं का हार;
पूछता इसकी कथा निश्वास ही में वात!
जीवन विरह का जलजात!

जो तुम्हारा हो सके लीलाकमल यह आज;
खिल उठे निरुपम तुम्हारी देख स्मित का प्रात!
जीवन विरह का जलजात!

●

पैंतीस

बीन भी हूँ मैं तुम्हारी रागिनी भी हूँ!
नींद थी मेरी अचल निस्पन्द कण कण में,
प्रथम जागृति थी जगत् के प्रथम स्पन्दन में;
प्रलय में मेरा पता पदचिह्न जीवन में;
शाप हूँ जो बन गया वरदान बन्धन में;
कूल भी हूँ कूलहीन प्रवाहिनी भी हूँ!
नयन में जिसके जलद वह तृषित चातक हूँ,
शलभ जिसके प्राण में वह निठुर दीपक हूँ;
फूल को उर में छिपाये विकल बुलबुल हूँ
एक हो कर दूर तन से छाँह वह चल हूँ;
दूर तुमसे अखण्ड सुहागिनी भी हूँ!
आग हूँ जिससे ढुलकते बिन्दु हिमजल के,
शून्य हूँ जिसको बिछे हैं पाँवड़े पल के;
पुलक हूँ वह जो पला है कठिन प्रस्तर में,
हूँ वही प्रतिबिम्ब जो आधार के उर में;
नील घन भी हूँ सुनहली दामिनी भी हूँ!
नाश भी हूँ मैं अनन्त विकास का क्रम भी,
त्याग का दिन भी चरम आसक्ति का तम भी;
तार भी आघात भी झंकार की गति भी,
पात्र भी मधु भी मधुप भी मधुर विस्मृति भी;
अधर भी हूँ और स्मित की चाँदनी भी हूँ!

●

छत्तीस

रूपसि तेरा घन - केश - पाश!
श्यामल श्यामल कोमल कोमल,
लहराता सुरभित केश - पाश!

नभगंगा की रजतधार में,
धो आई क्या इन्हें रात?
कम्पित हैं तेरे सजल अंग,
सिहरा सा तन हे सद्यस्नात!
भीगी अलकों के छोरों से
चूतीं बूँदें कर विविध लास!
रूपसि तेरा घन-केश-पाश!

सौरभभीना झीना गीला
लिपटा मृदु अंजन सा दुकूल;
चल अंचल से झर झर झरते
पथ में जुगनू के स्वर्ण-फूल;
दीपक से देता बार बार
तेरा उज्ज्वल चितवन-विलास!
रूपसि तेरा घन-केश-पाश!

उच्छ्वसित वक्ष पर चंचल है
वक-पाँतों का अरविन्द-हार;
तेरी निश्वासें छू भू को
बन बन जातीं मलयज बयार;

केकी-रव की नूपुर-ध्वनि सुन
जगती जगती की मूक प्यास!
रूपसि तेरा घन-केश-पाश!

इन स्निग्ध लटों से छा दे तन
पुलकित अंकों में भर विशाल;
झुक सस्मित शीतल चुम्बन से
अंकित कर इसका मृदुल भाल;
दुलरा दे ना, बहला दे ना
यह तेरा शिशु जग है उदास!
रूपसि तेरा घन-केश-पाश!

सैंतीस

मधुर मधुर मेरे दीपक जल!
युग युग प्रतिदिन प्रतिक्षण प्रतिपल,
प्रियतम का पथ आलोकित कर!
सौरभ फैला विपुल धूप बन,
मृदुल मोम सा घुल रे मृदु तन;
दे प्रकाश का सिन्धु अपरिमित,
तेरे जीवन का अणु गल गल!
पुलक पुलक मेरे दीपक जल!
सारे शीतल कोमल नूतन;
माँग रहे तुझसे ज्वाला-कण
विश्व-शलभ सिर धुन कहता 'मैं
हाय न जल पाया तुझ में मिल!'
सिहर सिहर मेरे दीपक जल!
जलते नभ में देख असंख्यक,
स्नेहहीन नित कितने दीपक;
जलमय सागर का उर जलता,
विद्युत् से घिरता है बादल!
विहँस विहँग मेरे दीपक जल!
द्रुम के अंग हरित कोमलतम,
ज्वाला को करते हृदयंगम;
वसुधा के जड़ अन्तर में भी,
बन्दी है तापों की हलचल!

बिखर बिखर मेरे दीपक जल!
मेरी निश्वासों से द्रुततर,
सुभग न तू बुझने का भय कर;
मैं अंचल की ओट किये हूँ,
अपनी मृदु पलकों से चंचल!
सहज सहज मेरे दीपक जल!
सीमा ही लघुता का बन्धन,
है अनादि तू मत घड़ियाँ गिन;
मैं दृग के अक्षय कोषों से—
तुझ में भरती हूँ आँसू-जल!
सजल सजल मेरे दीपक जल!
तम असीम तेरा प्रकाश चिर,
खेलेंगे नव खेल निरन्तर;
तम के अणु अणु में विद्युत् सा—
अमिट चित्र अंकित करता चल!
सरल सरल मेरे दीपक जल!
तू जल जल जितना होता क्षय,
वह समीप आता छलनामय;
मधुर मिलन में मिट जाना तू—
उसकी उज्ज्वल स्मित में घुल खिल!

मदिर मदिर मेरे दीपक जल!
प्रियतम का पथ आलोकित कर!

●

अड़तीस

मेरे हँसते अधर नहीं जग—
की आँसू - लड़ियाँ देखो!
मेरे गीले पलक छुओ मत
मुरझाई कलियाँ देखो!

हँस देता नव इन्द्रधनुष की—
स्मित में घन मिटता मिटता;
रंग जाता है विश्व राग से
निष्फल दिन ढलता ढलता
कर जाता संसार सुरभिमय
एक सुमन झरता झरता;
भर जाता आलोक तिमिर में
लघु दीपक बुझता बुझता;

मिटने वालों की हे निष्ठुर!
बेसुध रंगरेलियाँ देखो;
मेरे पलक छुओ मत
मुरझाई कलियाँ देखो!

गल जाता लघु बीज असंख्यक
नश्वर बीज बनाने को;
तजता पल्लव वृन्त पतन के
हेतु नये विकसाने को;
मिटता लघु पल प्रिय देखो
कितने युग कल्प मिटाने को;
भूल गया जग भूल विपुल
भूलोंमय सृष्टि रचाने को!

मेरे बन्धन आज नहीं प्रिय,
संसृति की कड़ियाँ देखो!
मेरे गीले पलक छुओ मत
मुरझाई कलियाँ देखो!

श्वासें कहती 'आता प्रिय'
निश्वास बताते 'वह जाता',
आँखों ने समझा अनजाना
उर कहता चिर यह नाता;
सुधि से सुन 'वह स्वप्न सजीला
क्षण क्षण नूतन बन आता',
दुख उलझन में राह न पाता
सुख दृग-जल में बह जाता;

मुझ में हो तो आज तुम्हीं 'मैं'
बन दुख की घड़ियाँ देखो!
मेरे गीले पलक छुओ मत
बिखरी पंखुरियाँ देखो!

उनतालीस

कैसे संदेश प्रिय पहुँचाती!

दृग-जल की सित मसि है अक्षय,
मसिप्याली, झरते तारक - द्वय;

पल पल के उड़ते पृष्ठों पर
सुधि से लिख श्वासों के अक्षर—

मैं अपने ही बेसुधपन में
लिखती हूँ कुछ, कुछ लिख जाती?

छायापथ में छाया से चल,
कितने आते जाते प्रतिपल;

लगते उनके विभ्रम इंगित,
क्षण में रहस्य क्षण में परिचित;

मिलता न दूत वह चिर परिचित
जिसको उर का धन दे आती?

अज्ञात पुलिन से, उज्ज्वलतर,
किरणें प्रवाल-तरणों में भर,

तम के नीलम-कूलों पर नित,
जो ले आती अरुणा सस्मित—

वह मेरी करुण कहानी में
मुस्कान अंकित कर जाती!

सज केशर - पट तारक - बेंदी
दृग अंजन मृदु पद में मेंहदी,

आती भर मदिरा से गगरी,
सन्ध्या अनुराग सुहागभरी;

मेरे विषाद में वह अपने
मधुरस की बूँदें छलकाती!

डाले नव घन का अवगुण्ठन,
दृग - तारक में सकरुण चितवन,

पदध्वनि से सपने जाग्रत कर,
श्वासों से फैला मूक तिमिर,

निशि अभिसारों में आँसू से
मेरी मनुहारें धो जाती!

कैसे संदेश प्रिय पहुँचाती!

चालीस

टूट गया वह दर्पण निर्मम!

उसमें हँस दी मेरी छाया,
मुझमें रो दी ममता माया,
अश्रु - हास ने विश्व सजाया,

रहे खेलते आँखमिचौनी
प्रिय! जिसके परदे में 'मैं' 'तुम'!
टूट गया वह दर्पण निर्मम!

अपने दो आकार बनाने,
दोनों का अभिसार दिखाने,
भूलों का संसार बसाने,

जो झिलमिल झिलमिल सा तुमने
हँस हँस दे डाला था निरुपम!
टूट गया वह दर्पण निर्मम!

कैसा पतझर कैसा सावन,
कैसी मिलन विरह की उलझन,
कैसा पल घड़ियोंमय जीवन,

कैसे निशि-दिन कैसे सुख-दुख
आज विश्व में तुम हो या तम!
टूट गया वह दर्पण निर्मम!

किसमें देख सँवारूँ कुन्तल,
अङ्गराग पुलकों का मल मल,
स्वप्नों से आँजूँ पलकें चल,

किस पर रीझूँ किस से रूठूँ,
भर लूँ किस छवि से अन्तरतम!
टूट गया वह दर्पण निर्मम!

आज कहाँ मेरा अपनापन,
तेरे छिपने का अवगुण्ठन,
मेरा बन्धन तेरा साधन,

तुम मुझ में अपना सुख देखो
मैं तुम में अपना दुख प्रियतम!
टूट गया वह दर्पण निर्मम!

इकतालीस

मधुवेला है आज
अरे तू जीवन - पाटल फूल!

आई दुख की रात मोतियों की देने जयमाल;
सुख की मन्द वतास खोलती पलकें दे दे ताल;

डर मत रे सुकुमार!
तुझे दुलराने आये शूल!

अरे तू जीवन -पाटल फूल!

भिक्षुक सा यह विश्व खड़ा है पाने करुणा प्यार;
हँस उठ रे नादान खोल दे पंखुरियों के द्वार;

रीते कर ले कोष
नहीं कल सोना होगा धूल!

अरे तू जीवन - पाटल फूल!

बयालीस

लाये कौन संदेश नये घन!

अम्बर गर्वित,
हो आया नत,

चिर निस्पन्द हृदय में उसके
उमड़े री पुलकों के सावन
लाये कौन संदेश नये घन!

चौंकी निद्रित,
रजनी अलसित,

श्यामल पुलकित कम्पित कर में
दमक उठे विद्युत् के कंकण!
लाये कौन संदेश नये घन!

दिशि का चंचल,
परिमल अंचल;

छिन्न हार से बिखर पड़े सखि!
जुगनू के लघु हीरक के कण!
लाये कौन संदेश नये घन!

जड़ जग स्पन्दित,
निश्चल कम्पित,

फूट पड़े अवनी के संचित
सपने मृदुतम अंकुर बन बन
लाये कौन संदेश नये घन!

रोया चातक,
सकुचाया पिक,

मत्त मयूरों ने सूने में
झड़ियों का दुहराया नर्तन!
लाये कौन संदेश नये घन!

सुख दुख से भर
आया लघु उर,

मोती से उजले जलकण से
छाये मेरे विस्मित लोचन!
लाये कौन संदेश नये घन!

●

तैंतालीस

प्राणपिक प्रिय—नाम रे कह!

मैं मिटी निस्सीम प्रिय में,
वह गया बँध लघु हृदय में
अब विरह की रात को तू
चिर मिलन का प्रात रे कह!

दुख - अतिथि का धो चरणतल,
विश्व रसमय कर रहा जल;
यह नहीं क्रन्दन हठीले!
सजल पावसमास रे कह!

ले गया जिसको लुभा दिन,
लौटती वह स्वप्न बन बन;
है न मेरी नींद, जागृति
का इसे उत्पात रे कह!

एक प्रिय - दृग - श्यामता सा,
दूसरा स्मित की विभा - सा;
यह नहीं निशिदिन इन्हें
प्रिय का मधुर उपहार रे कह!

श्वास से स्पन्दन रहे झर,
लोचनों से रिस रहा उर;
दान क्या प्रिय ने दिया
निर्वाण का वरदान रे कह!

चल क्षणों का क्षणिक संचय,
बालुका से बिन्दु - परिचय;
कह न जीवन तू इसे
प्रिय का निठुर उपहार रे कह!

चवालीस

क्या पूजन क्या अर्चन रे?

उस असीम का सुन्दर मन्दिर मेरा लघुतम जीवन रे!
मेरी श्वासें करती रहतीं नित प्रिय का अभिनन्दन रे!

पदरज को धोने उमड़े आते लोचन में जल - कण रे!
अक्षत पुलकित रोम, मधुर मेरी पीड़ा का चन्दन रे!

स्नेह भरा जलता है झिलमिल मेरा यह दीपक - मन रे!
मेरे दृग के तारक में नव उत्पल का उन्मीलन रे!

धूप बने उड़ते जाते हैं प्रतिपल मेरे स्पन्दन रे!
प्रिय प्रिय जपते अधर, ताल देता पलकों का नर्तन रे!

●

पैंतालीस

लय गीत मदिर, गति ताल अमर,
अप्सरि तेरा नर्तन सुन्दर!

आलोक – तिमिर सित असित चीर,
सागर – गर्जन रुनझुन मँजीर;
उड़ता झंझा में अलक – जाल,
मेघों में मुखरित किंकिण – स्वर!
अप्सरि तेरा नर्तन सुन्दर!

रवि – शशि तेरे अवतंस लोल,
सीमन्त – जटित तारक अमोल;
चपला विभ्रम, स्मित इन्द्रधनुष,
हिमकण बन झरते स्वेद निकर!
अप्सरि तेरा नर्तन सुन्दर!

युग है पलकों का उन्मीलन,
स्पन्दन में अगणित लय-जीवन;
तेरी श्वासों में नाच नाच
उठता बेसुध जग सचराचर!
अप्सरि तेरा नर्तन सुन्दर!

तेरी प्रतिध्वनि बनतीं मधुदिन,
तेरी समीपता पावस – क्षण;
रूपसि! छूते ही तुझमें मिट,
जड़ पा लेता वरदान अमर!
अप्सरि तेरा नर्तन सुन्दर!

जड़ कण कण के प्याले झलमल,
छलकी जीवन - मदिरा छलछल;
पीती थक झुक झुक झूम झूम;
तू घूँट घूँट फेनिल सीकर!
अप्सरि तेरा नर्तन सुन्दर!

बिखराती जाती तू सहास,
नव तन्मयता उल्लास लास;
हर अणु कहता उपहार बनूँ
पहले छू लूँ जो मृदुल अधर!
अप्सरि तेरा नर्तन सुन्दर!

हे सृष्टि - प्रलय के आलिङ्गन!
सीमा - असीम के मूक मिलन!
कहता है तुझको कौन घोर,
तू चिर रहस्यमयि कोमलतर!
अप्सरि तेरा नर्तन सुन्दर!

तेरे हित जलते दीप - प्राण,
खिलते प्रसून हँसते विहान;
श्यामांगिनि! तेरे कौतुक को
बनता जग मिट मिट सुन्दरतर!
प्रिय प्रेयसि! तेरा लास अमर!

●

छियालीस

उर तिमिरमय घर तिमिरमय
चल सजनि दीपक बार ले!

राह में रो रो गये हैं
रात और बिहान तेरे,
काँच से टूटे पड़े यह
स्वप्न, भूलें, मान तेरे;
फूलप्रिय पथ शूलमय
पलकें बिछा सुकुमार ले!

तृषित जीवन में घिरे घन—
बन, उड़े जो श्वास उरसे,
पलक सीपीं में हुए मुक्ता
सुकोमल और बरसे;
मिट रहे नित धूलि में
तू गूँथ इनका हार ले!

मिलन बेला में अलस तू
सो गई कुछ जाग कर जब,
फिर गया वह, स्वप्न में
मुस्कान अपनी आँक कर तब!
आ रही प्रतिध्वनि वही फिर
नींद का उपहार ले!
चल सजनि दीपक बार ले!

●

सान्ध्य गीत

[तृतीय यामः]

सैंतालीस

प्रिय! सान्ध्य गगन
मेरा जीवन!

यह क्षितिज बना धुँधला विराग,
नव अरुण अरुण मेरा सुहाग,
छाया सी काया वीतराग,
सुधिभीने स्वप्न रंगीले घन!

साधों का आज सुनहलापन,
घिरता विषाद का तिमिर सघन,
सन्ध्या का नभ से मूक मिलन—
यह अश्रुमती हँसती चितवन!

लाता भर श्वासों का समीर,
जग से स्मृतियों का गन्ध धीर,
सुरभित हैं जीवन - मृत्यु - तीर,
रोमों में पुलकित कैरव - वन!

अब आदि अन्त दोनों मिलते,
रजनी - दिन - परिणय से खिलते,
आँसू मिस हिम के कण ढुलते,
ध्रुव आज बना स्मृति का चल क्षण!

इच्छाओं के सोने से शर,
करणों से द्रुत झीने सुन्दर,
सूने असीम नभ में चुभकर—
बन बन आते नक्षत्र - सुमन—

घर आज चले सुख - दुःख - विहग!
तम पोंछ रहा मेरा अग जग;
छिप आज चला वह चित्रित मग;
उतरो अब पलकों में पाहुन!

●

अड़तालीस

रागभीनी तू सजनि निश्वास भी तेरे रँगीले!

लोचनों में क्या मदिर नव?
देख जिसको नीड़ की सुधि फूट निकली बन मधुर रव!

झूलते चितवन गुलाबी—
में चले घर खग हठीले!
रागभीनी तू सजनि निश्वास भी तेरे रँगीले!

छोड़ किस पाताल का पुर?
राग से बेसुध, चपल सपने सजीले नयन में भर,

रात नभ के फूल लाई,
आँसुओं से कर सजीले!
रागभीनी तू सजनि निश्वास भी तेरे रँगीले!

आज इन तन्द्रिल पलों में!
उलझती अलकें सुनहली असित निशि के कुन्तलों में!

सजनि नीलमरज भरे
रंग चूनरी के अरुण पीले!
रागभीनी तू सजनि निश्वास भी तेरे रँगीले!

रेख सी लघु तिमिर लहरी,
चरण छू तेरे हुई है सिन्धु सीमाहीन गहरी!

गीत तेरे पार जाते
बादलों की मृदु तरी ले!
रागभीनी तू सजनि निश्वास भी तेरे रँगीले!

कौन छायालोक की स्मृति,
कर रही रङ्गीन प्रिय के द्रुत पदों की अंक-संसृति,

सिहरती पलकें किये—
देती विहँसते अधर गीले!
रागभीनी तू सजनि निश्वास भी तेरे रँगीले!

●

उनचास

जाने किस जीवन की सुधि ले
लहराती आती मधु-बयार!

रंजित कर दे यह शिथिल चरण ले नव अशोक का अरुण राग,
मेरे मण्डन को आज मधुर ला रजनीगन्धा का पराग,

यूथी की मीलित कलियों से
अलि दे मेरी कबरी सँवार!

पाटल के सुरभित रंगों से रंग दे हिम सा उज्ज्वल दुकूल;
गुँथ दे रशना में अलि - गुंजन से पूरित झरते वकुल - फूल;

रजनी से अंजन माँग सजनि
दे मेरे अलसित नयन सार!

तारक - लोचन से सींच - सींच नभ करता रज को विरज आज;
बरसाता पथ में हरसिंगार केशर से चर्चित सुमन - लाज;

कण्टकित रसालों पर उठता—
है पागल पिक मुझको पुकार!
लहराती आती मधु - बयार!

●

पचास

शून्य मन्दिर में बनूँगी आज मैं प्रतिमा तुम्हारी!
अर्चना हों शूल भोले,
क्षार दृग - जल अर्घ्य हो ले,

आज करुणा - स्नात उजला
दु:ख हो मेरा पुजारी!

नूपुरों का मूक छूना,
सरव कर दे विश्व सूना,

यह अगम आकाश उतरे
कम्पनों का हो भिखारी!

लोल तारक भी अचंचल,
चल न मेरा एक कुन्तल,

अचल रामों में समाई
मुग्ध हो गति आज सारी!

राग मद को दूर लाली,
साध भी इसमें न पाली,

शून्य चितवन में बसेगी
मूक हो गाथा तुम्हारी!

●

इक्यावन

रे पपीहे पी कहाँ?
खोजता तू इस क्षितिज से उस क्षितिज तक शून्य अम्बर,
लघु परों से नाप सागर;

नाप पाता प्राण मेरे
प्रिय समा कर भी कहाँ?

हँस डुबा देगा युगों की प्यास का संसार भर तू,
कण्ठगत लघु बिन्दु कर तू!

प्यास ही जीवन, सकूँगी
तृप्ति में मैं जी कहाँ?

चपल बन बन कर मिटेगी झूम तेरी मेघ-वाला!
मैं स्वयं जल और ज्वाला!

दीप सी जलती न तो यह
सजलता रहती कहाँ?

साथ गति के भर रही हूँ विरति या आसक्ति के स्वर,
मैं बनी प्रिय-चरण-नूपुर!

प्रिय बसा उर में सुभग!
सुधि खोज की बसती कहाँ!

●

बावन

शलभ मैं शापमय वर हूँ?
किसी का दीप निष्ठुर हूँ!

ताज है जलती शिखा
चिनगारियाँ शृंगारमाला;
ज्वाल अक्षय कोष सी
अंगार मेरी रंगशाला;
नाश में जीवित किसी की साध सुन्दर हूँ!

नयन में रह किन्तु जलती
पुतलियाँ आगार होंगी;
प्राण में कैसे बसाऊँ
कठिन अग्नि-समाधि होगी;
फिर कहाँ पालूँ तुझे मैं मृत्यु - मन्दिर हूँ!

हो रहे झर कर दृगों से
अग्नि-कण भी क्षार शीतल;
पिघलते उर से निकल
निश्वास बनते धूम श्यामल;
एक ज्वाला के बिना मैं राख का घर हूँ!

कौन आया था न जाना
स्वप्न में मुझको जगाने;
याद में उन अँगुलियों के
हैं मुझे पर युग बिताने;
रात के उर में दिवस की चाह का शर हूँ!

शून्य मेरा जन्म था
अवसान है मुझको सवेरा;
प्राण आकुल के लिए
संगी मिला केवल अँधेरा;
मिलन का मत नाम ले मैं विरह में चिर हूँ!

●

तिरपन

मैं किसी की मूक छाया हूँ न क्यों पहचान पाता!
उमड़ता मेरे दृगों में बरसता घनश्याम में जो,
अधर में मेरे खिला नव इन्द्रधनु अभिराम में जो,
बोलता मुझ में वही जग मौन में जिसको बुलाता!
जो न होकर भी बना सीमा क्षितिज वह रिक्त हूँ मैं,
विरति में भी चिर विरति की बन गई अनुरक्ति हूँ मैं,
शून्यता में शून्य का अभिमान ही मुझको बनाता!
श्वास हैं पद-चाप प्रिय की प्राण में जब डोलती है,
मृत्यु है जब मूकता उसकी हृदय में बोलती है;
विरह क्या पद चूमने मेरे सदा संयोग आता!
नींद-सागर से सजनि! जो ढूँढ़ लाई स्वप्न मोती,
गूँथती हूँ हार उनका क्यों कहा मैं प्रात रोती!
पहन कर उनको स्वजन मेरा कली को जा हँसाता!
प्राण में जो जल उठा वह और है दीपक चिरन्तन,
कर गया तम चाँदनी वह दूसरा विद्युत्-भरा घन;
दीप को तज कर तुझे कैसे शलभ पर प्यार आता!
तोड़ देता खीझकर जब तक न प्रिय यह मृदुल दर्पण,
देख ले उसके अधर सस्मित, सजल दृग, अलख आनन;
आरसी-प्रतिबिम्ब का कब चिर हुआ जग स्नेह-नाता!

●

चौवन

मैं नीर भरी दुख की बदली!

स्पन्दन में चिर निस्पन्द बसा,
क्रन्दन में आहत विश्व हँसा,

नयनों में दीपक से जलते
पलकों में निर्झरिणी मचली!

मेरा पग पग संगीत भरा,
श्वासों से स्वप्न-पराग झरा,

नभ के नव रंग बुनते दुकूल,
छाया में मलय-बयार पली!

मैं क्षितिज-भृकुटि पर घिर धूमिल,
चिन्ता का भार बनी अविरल,

रज-कण पर जल-कण हो बरसी
नवजीवन-अंकुर बन निकली!

पथ को न मलिन करता आना,
पद-चिह्न न दे जाता जाना,

सुधि मेरे आगम की जग में
सुख की सिहरन हो अन्त खिली!

विस्तृत नभ का कोई कोना,
मेरा न कभी अपना होना,

परिचय इतना इतिहास यही
उमड़ी कल थी मिट आज चली!

●

पचपन

झिलमिलाती रात मेरी!

साँझ के अन्तिम सुनहले
हास सी चुपचाप आकर,
मूक चितवन की विभा—
तेरी अचानक छू गई भर;
बन गई दीपावली तब आँसुओं की पाँत मेरी!

अश्रु घन के बन रहे स्मित
सुप्त वसुधा के अधर पर,
कंज में साकार होते
वीचियों के स्वप्न सुन्दर;
मुस्करा दी दामिनी में साँवली बरसात मेरी!

क्यों इसे अम्बर न निज
सूने हृदय में आज भर ले?
क्यों न यह जड़ में पुलक का,
प्राण का संचार कर ले?
है तुम्हारी श्वास के मधु-भार-मन्थर वात मेरी!

●

छप्पन

फिर विकल हैं प्राण मेरे!
तोड़ दो यह क्षितिज मैं भी देख लूँ उस ओर क्या है!
जा रहे जिस पंथ से युग कल्प उसका छोर क्या है?
क्यों मुझे प्राचीर बन कर
आज मेरे श्वास घेरे?

सिन्धु की निःसीमता पर लघु लहर का लास कैसा!
दीप लघु शिर पर धरे आलोक का आकाश कैसा!
दे रही मेरी चिरन्तनता
क्षणों के साथ फेरे!

बिम्बग्राहकता कणों को शलभ को चिर साधना दी,
पुलक से नभ भर धरा को कल्पनामय वेदना दी;
मत कहो हे विश्व! 'झूठे
हैं अतुल वरदान तेरे'!
नभ डुबा पाया न अपनी बाढ़ में भी क्षुद्र तारे,
ढूँढ़ने करुणा मृदुल घन चीर कर तूफान हारे;
अन्त के तम में बुझे क्यों
आदि के अरमान मेरे!

●

सत्तावन

चिर सजग आँखें उनींदी आज कैसा व्यस्त बाना!
जाग तुझको दूर जाना!

अचल हिमगिरि के हृदय में आज चाहे कम्प हो ले,
या प्रलय के आँसुओं में मौन अलसित व्योम रो ले;

आज पी आलोक को डोले तिमिर की घोर छाया,
जाग या विद्युत्-शिखाओं में निठुर तूफान बोले!
पर तुझे है नाश-पथ पर चिह्न अपने छोड़ आना
जाग तुझको दूर जाना!

बाँध लेंगे क्या तुझे यह मोम के बन्धन सजीले?
पन्थ की बाधा बनेंगे तितलियों के पर रँगीले?
विश्व का क्रन्दन भुला देगी मधुप की मधुर गुनगुन,
क्या डुबा देंगे तुझे यह फूल के दल ओस - गीले?
तू न अपनी छाँह को अपने लिए कारा बनाना!
जाग तुझको दूर जाना!

बज्र का उर एक छोटे अश्रुकण में धो गलाया,
दे किसे जीवन-सुधा दो घूँट मदिरा माँग लाया?
सो गई आँधी मलय की वात का उपधान ले क्या?
विश्व का अभिशाप क्या चिर नींद बनकर पास आया?
अमरता-सुत चाहता क्यों मृत्यु को उर में बसाना?
जाग तुझको दूर जाना!

कह न ठंढी साँस में अब भूल वह जलती कहानी,
आग हो उर में तभी दृग में सजेगा आज पानी;
हार भी तेरी बनेगी मानिनी जय की पताका,
राख क्षणिक पतंग की है अमर दीपक की निशानी!
है तुझे अंगार-शय्या पर मृदुल कलियाँ बिछाना!
जाग तुझको दूर जाना!

●

अट्ठावन

कीर का प्रिय आज पिंजर खोल दो!
हो उठी हैं चंचु छूकर,
तीलियाँ भी वेणु सस्वर;
बन्दिनी स्पन्दित व्यथा ले,
सिहरता जड़ मौन पिंजर!
आज जड़ता में इसी की बोल दो!
जग पड़ा छू अश्रु - धारा,
हत परों का विभव सारा;
अब अलस बन्दी युगों का—
ले उड़ेगा शिथिल कारा!
पंख पर वे सजल सपने तोल दो!
क्या तिमिर कैसी निशा है!
आज विदिशा ही दिशा है;
दूर-खग आ निकटता के
अमर बन्धन में बसा है;
प्रलय घन में आज राका घोल दो!
चपल पारद सा विकल तन,
सजल नीरद सा भरा मन,
नाप नीलाकाश ले जो—
बेड़ियों का माप यह बन,
एक किरण अनन्त दिन की मोल दो!

●

उनसठ

ओ अरुण वसना!
तारकित नभ - सेज से वे
रश्मि - अप्सरियाँ जगातीं;
अगरु - गन्ध बयार ला ला
विकच अलकों को बसातीं!
रात के मोती हुए पानी हँसी तू मुकुल - दशना!

छू मृदुल जावक - रचे पद
हो गये सित मेघ पाटल;
विश्व की रोमावली;
आलोक - अंकुर सी उठी जल!

बाँधने प्रतिध्वनि बढ़ीं लहरें बजी जब मधुप-रशना!
बन्धनों का रूप तम ने
रात भर रो रो मिटाया;
देखना तेरा क्षणिक फिर
अमिट सीमा बाँध आया!
दृष्टि का निक्षेप है बस रूप-रङ्गों का बरसना!

है युगों की साधना से
प्राण का क्रन्दन सुलाया;
आज लघु जीवन किसी
निःसीम प्रियतम में समाया!
राग छलकाती हुई तू आज इस पथ में न हँसना!

●

साठ

जाग जाग सुकेशिनी री!
अनिल ने आ मृदुल हौले,
शिथिल वेणी - बन्ध खोले,
पर न तेरे पलक डोले,
बिखरती अलकें झरे जाते
सुमन परवेषिनी री?
छाँह में अस्तित्व खोये,
अश्रु से सब रङ्ग धोये,
मन्दप्रभ दीपक सँजोये,
पन्थ जिसका देखती तू अलस
स्वप्न - निमेषिनी री!
रजत - तारों से घटा बुन,
गगन के चिर दाग गिन गिन,
श्रान्त जग के श्वास चुन चुन,
सो गई क्या नींद का अज्ञात—
पथ - निर्देशिनी री?
दिवस की पद - चाप चंचल,
श्रान्ति में सुधि सी मधुर चल,
आ रही है निकट प्रतिपल,
निमिष में होगा अरुण जग
ओ विराग - निवेशिनी री!
रूप - रेखा उलझनों में,
कठिन सीमा - बन्धनों में,
जग बँधा निष्ठुर क्षणों में;
अश्रुमय कोमल कहाँ तू
आ गई परदेशिनी री!

●

इकसठ

क्यों मुझे प्रिय हों न बन्धन!

बन गया तम - सिन्धु का, आलोक सतरङ्गी पुलिन सा;
रजभरे जगबाल से है, अंक विद्युत् का मलिन सा;

स्मृति पटल पर कर रहा अब
वह स्वयं निज रूप - अंकन!

चाँदनी मेरी अमा का भेंटकर अभिषेक करती;
मृत्यु - जीवन के पुलिन दो आज जागृति एक करती;

हो गया अब दूत प्रिय का
प्राण का सन्देश - स्पन्दन!

सजनि मैंने स्वर्णपिंजर में प्रलय का वात पाला;
आज पुंजीभूत तम को कर, बना डाला उजाला;

तूल से उर में समा कर
हो रही नित ज्वाल चन्दन!

आज विस्मृति-पन्थ में निधि से मिले पदचिह्न उनके;
वेदना लौटा रही है विफल खोये स्वप्न गिन के;

घुल हुई इन लोचनों में
चिर प्रतीक्षा पूत अंजन!

आज मेरा खोज - खग गाता चला लेने बसेरा;
कह रहा सुख अश्रु से 'तू है चिरन्तन प्यार मेरा';

बन गए बीते युगों को
विकल मेरे श्वास स्पन्दन!

बीन - बन्दी तार की झंकार है आकाशचारी;
धूलि के इस मलिन दीपक से बँधा है तिमिरहारी;
बाँधती निर्बन्ध को मैं
बन्दिनी निज बेड़ियाँ गिन!

नित सुनहली साँझ के पद से लिपट आता अँधेरा;
पुलक-पंखी विरह पर उड़ आ रहा है मिलन मेरा;

कौन जाने है बसा उस पार
तम या रागमय दिन!

बासठ

हे चिर महान्!

यह स्वर्ण-रश्मि छू श्वेतभाल,
बरसा जाती रङ्गीन हास;
सेली बनता है इन्द्रधनुष,
परिमल मल मल जाता बतास!

पर रागहीन तू हिमनिधान!

नभ में गर्वित झुकता न शीश,
पर अंक लिए है दीन क्षार;
मन गल जाता नत विश्व देख,
तन सह लेता है कुलिश भार!

कितने मृदु कितने कठिन प्राण!

टूटी है कब तेरी समाधि,
झंझा लौटे शत हार - हार;
बह चला दृगों से किन्तु नीर;
सुनकर जलते कण की पुकार!

सुख से विरक्त दुख में समान!

मेरे जीवन का आज मूक,
तेरी छाया से हो मिलाप;
तन तेरी साधकता छू ले,
मन ले करुणा की थाह नाप!

उर में पावस दृग में विहान!

●

तिरसठ

तिमिर में वे पद चिह्न मिले!

युग युग का पन्थी आकुल मन,
बाँध रहा पथ के रजकण चुन;
श्वासों में रुँधे दुख के पल
बन बन दीप चले!

अलसित तन में, विद्युत्–सी भर,
बर बनते मेरे श्रम – सीकर;
एक एक आँसू में शत शत
शतदल – स्वप्न खिले!

सजनि प्रिय के पद चिह्न मिले!